페가콘의 희로애락 스티커북

초판 1쇄 인쇄 2023년 12월 15일
초판 1쇄 발행 2023년 12월 26일

글·그림 페가콘

발행인 오태엽
편집국장 강우식
디자인 Bjudesign
출판영업팀 김정훈, 이강희, 정누리
제작담당 박석주
발행처 (주)서울미디어코믹스
등록일 2018년 3월 12일
등록번호 제2018-000021
주소 서울 용산구 한강로2가 302
전화 02-3728-5544(편집), 02-791-0786(영업)
팩스 02-3278-5510(편집)
인쇄처 (주)한산프린팅

ISBN 979-11-367-8076-8

ⓒ2023 페가콘 / (주)서울미디어코믹스

- 값은 뒤표지에 있습니다.
- 인지는 작가와의 협의하에 생략합니다.
- 잘못된 책은 구입하신 곳에서 교환해 드립니다.
- 이 책에 실린 내용의 무단 전재 및 복제를 금합니다.
- 이 책의 내용 전부 또는 일부를 이용하려면 저작권자와 (주)서울미디어코믹스의 서면 동의를 받아야 합니다.

페가콘의 희로애락 스티커북

손을 잡는 기쁨

1

너의 죄는 나의 죄
무엇을 하든 함께하자, 우리.

2
Good night in my heart

3

내가 어디서 봤는데 사랑하면 닮는다고 해.
지독한 짝사랑이라고 하지 마.

4

쉬운 사람 할게.

5

너를 생각하면서 살았어. 즐거웠어.

6

나는 혼자 있어도 괜찮아.
작은 창에 더 넓은 세상이 있잖아.

7

나비가 매력적인 이유가
뭐라고 생각해?

Twin Tail

8

지긋지긋하게 평범한 보통 사랑,
그거 진짜 어려워.
별것도 없는 주제에 진짜 어려워.

9

작은 나를 만나면 어떻게 해 주고 싶어?

10

같은 노래를 반복해서 듣는 편입니다.
그때의 너와 함께할 수 있거든요.

11

"미워"는 지독한 사랑의 다른 말이래요.

12
당신의 출혈이 필요합니다.

13

다들 귀엽다고 하는 그 말랑하고 동글한 거,
왜 이렇게 꼴 보기가 싫은지 몰라.

14

이젠 슬프지 않아, 나.
무덤에는 내 보드라운 털이 묻혀 있고,
내 마음도 같이 묻었거든.

15

당신의 행복에 차분히 조준
그리고 깨끗이 관통.
부서지는 당신의 눈가. 안타까운 내 입가.

16

누가 나보고 실망이라고 그러더라고!
그래서 이왕 실망한 김에 걔 눈물 좀 빼 줬어.

17

페가콘의 주의 사항!
그 부적을 떼지 마시오.
뛰어서 그에게 복수하시오.

19

착한 척이 제일 나쁜 거 같아.
거짓말이잖아.
거짓말 곰돌이는 쏭당 형에 처합니다.

20

누가 밀어 넣었든 뽑자.
그거.

21

이별은 어느 계절에 하든
한파주의보 발령을 내립니다.
주의하시고 따뜻하게 마음을 감싸세요.

22

하나 같던 두 사람, 좁히지 못한 간극.

23

엎질러진 행복, 깨진 미래, 짠 쿠키.

24

나도 좋은 꿈 꾸고 싶었다니까.
남들처럼….

25

하루는 게임 캐릭터가 죽고 난 후
you lose에도 펑펑 울었다.
내가 그렇게 얇은 마음을 가지고 있다.

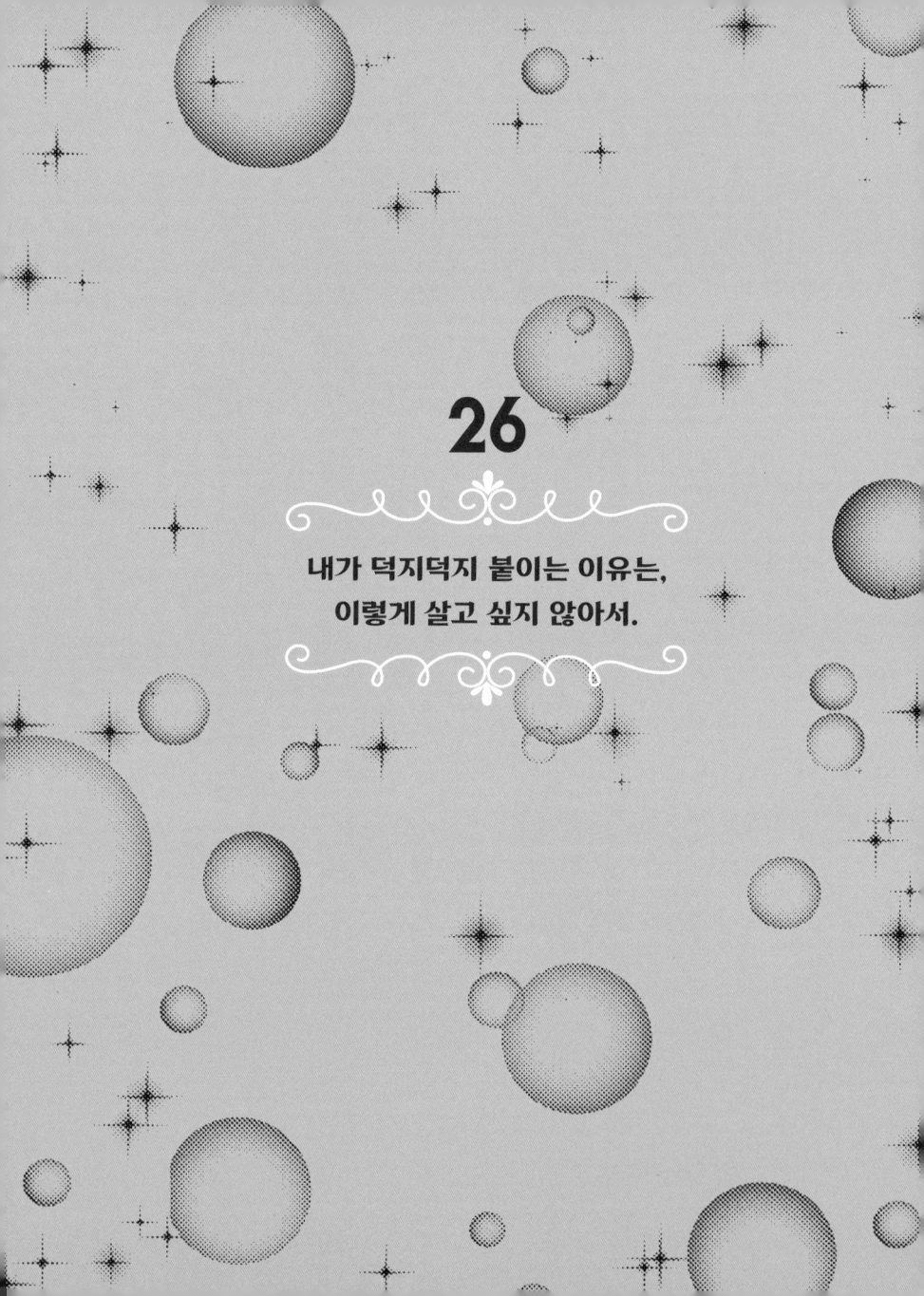

26

내가 덕지덕지 붙이는 이유는,
이렇게 살고 싶지 않아서.

27

언젠가는 날 수 있나요?

28

나는 이제 마법 소녀가 될 수 없나 봐요.

29

상처는 깊어.
붙여! 이 소녀야.

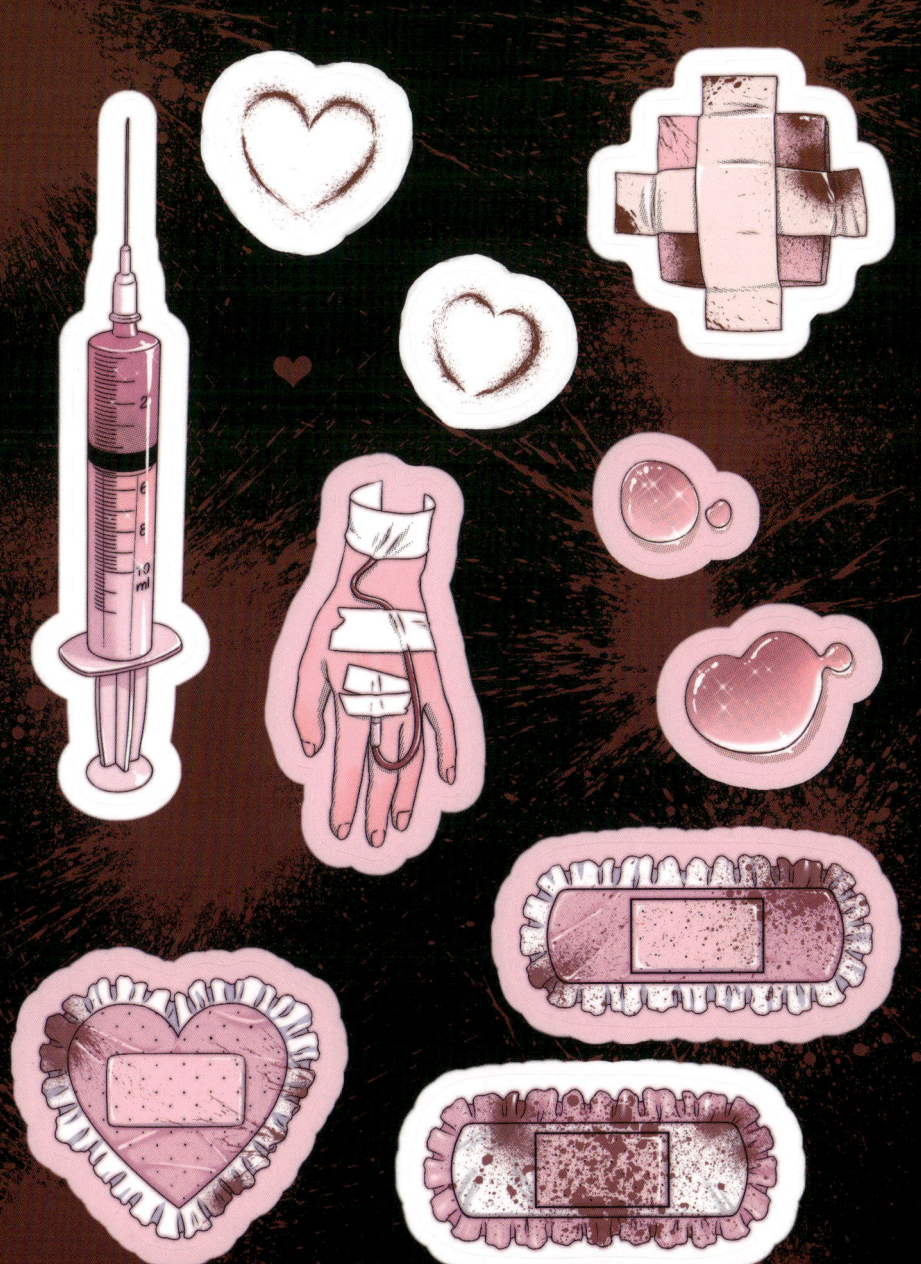

30

이제 돌아갈 수 없어.
그때로. 안녕.

31

하교 시간,
석양이 질 무렵을 기억하나요?

33

다들 그때는 마지막 사랑인 줄 알고 했잖아.
사실은 아이스크림 같은 사랑인데.

35
LET ME OUT

36

angel club

37

영원한 건 없는데
영원하다고 믿는 게 낭만인가 봐요.

38

그때 우리의 이름은 튤립 걸즈였다.

39

락이란 즐거움,
입에 들어가면 락이다.

40

락을 찾는 하나의 방법,
달콤해지기.

독자들에게

이 책을 그리면서 고군분투했던 5년 전이 떠올랐습니다.
그림 한 장을 붙잡고 한 달을 진땀 뺐던 저는
이제 제 그림과 서먹하지 않습니다.
이렇게 살고 싶지 않아서 시작한 일인데 시간이 흘러
정말로 그때와 달리 살고 있어 이상한 기분이 들었어요.
사납고 파도 같던 저는 5년의 모든 감정을 지나서
무던한 바다가 되었기에 희로애락이란 주제를 붙였어요.

다들 그때와 달리 행복해지셨나요?
행복하지 않더라도 애에 경건히 견딜 수 있는
단단한 사람이 되길 이 책과 함께 기도해 봅니다.